세종 대왕, 한글로 겨레의 눈을 밝히다

마술연필 어린이와 청소년을 위해 유익하고 감동적인 글을 쓰는 아동청소년문학 기획팀으로 다양한 책들을 꾸준히 펴내고 있다. 그중 『우리 조상들은 얼마나 책을 좋아했을까?』는 초등학교 〈국어〉 교과서에, 『1학년 전래동화』는 교사용 지도서에 각각 실렸다. 지은 책으로 『어린이와 청소년을 위한 독도 백과사전』 『우리 땅의 생명이 들려주는 이야기』, 옮긴 책으로 『재미있는 내 얼굴』 『화가 날 땐 어떡하지?』 『달케이크』 등이 있다.

이수아 서울에서 태어나 대학교에서 디자인을 공부하고, 한국일러스트레이션 학교에서 그림을 공부했습니다. 작고 귀여운 것을 만들고 재미있는 그림을 그리는 것을 좋아합니다. 그린 책으로는 『요술 항아리』, 『부자가 된 삼형제』, 『한옥, 몸과 마음을 살리는 집』, 『돌멩이 수프에 딱이지!』, 『세종 대왕, 한글로 겨레의 눈을 밝히다』 등이 있습니다.

인물그림책 보물창고 2

세종 대왕, 한글로 겨레의 눈을 밝히다

펴낸날 초판 1쇄 2013년 10월 9일 | 초판 4쇄 2025년 4월 25일
지은이 마술연필 | **그린이** 이수아
펴낸이 신형건 | **펴낸곳** (주)푸른책들·임프린트 보물창고 | **등록** 제321-2008-00155호 | **주소** 서울 서초구 양재천로7길 16 푸르니빌딩 (우)137-891
전화 02-581-0334~5 | **팩스** 02-582-0648 | **이메일** prooni@prooni.com | **홈페이지** www.prooni.com
인스타그램 @proonibook | **블로그** blog.naver.com/proonibook
ISBN 978-89-6170-339-0 77990   *잘못된 책은 구입한 곳에서 바꾸어 드립니다.

ⓒ마술연필, (주)푸른책들, 2013
이 책 내용의 일부 또는 전부를 재사용하려면 반드시 (주)푸른책들의 서면 동의를 얻어야 합니다.

보물창고는 (주)푸른책들의 유아, 어린이, 청소년 도서 전문 임프린트입니다.

(주)푸른책들은 도서 판매 수익금의 일부를 초록우산 어린이재단에 기부하여
어린이들을 위한 사랑 나눔에 동참합니다.

세종 대왕,
한글로 겨레의 눈을 밝히다

마술연필 글 · 이수아 그림

보물창고

1397년 음력 4월 10일, 세종은 한양에서 이방원의 셋째 아들로 태어났습니다.
세종의 이름은 이도입니다. 이도가 네 살이 되던 해에 아버지 이방원은
임금의 자리에 올라 조선의 세 번째 왕, 태종이 되었습니다. 그래서 이도는
왕자가 되어 '충녕'이라고 불렸습니다.

충녕에게는 형이 둘 있었습니다. 첫째 형이자 왕세자인 양녕과 둘째 형인 효령입니다. 하지만 충녕은 형들과 달리 어릴 때부터 배움에 대한 열정이 대단했습니다.

충녕은 몇 달 동안 앓아누워 있을 때에도
손에서 책을 놓지 않았습니다.
"충녕은 총명하고 공부를 좋아해서, 심한 추위나
더위에도 밤을 새워 가며 글을 읽는구나."
아버지 태종은 그런 충녕을 늘 걱정했습니다.
하루는 태종이 충녕의 책을 모두 빼앗아
감추라고 명령했습니다. 그런데 책 한 권이
병풍 뒤에 가려져 있었습니다.
충녕은 남아 있는 책을 보자 날아갈 듯
기뻤습니다. 그래서 그 책을 천 번이나
되풀이해서 읽었습니다.

충녕은 온 나라에 명성이 자자할 정도로 마음씨가 착했습니다.
어느 날 궁궐 밖으로 나간 충녕에게 한 걸인이 말을 걸었습니다.
"마마, 집에서 아이가 굶고 있습니다. 도와주십시오."
그 걸인은 나라에서 가난한 이들에게 나누어 주는 곡식을 받지 못했다며
자신의 억울함을 털어놓았습니다. 충녕은 곧바로 그에게 곡식을 나누어
주도록 했습니다.

"굶주린 백성에게 곡식을 나누어 주라 했거늘,
어찌 골고루 나눠 주지 못해 그들이 충녕에게 하소연하게 했느냐!"
태종은 충녕의 이야기를 듣고는 신하들을 꾸짖었습니다. 불쌍한 사람을 보고 안타까워하는 충녕의 고운 마음을 잘 알았기 때문입니다.

반면에, 왕세자인 양녕은 충녕과 달리 노는 것을 좋아했습니다. 왕세자가 꼭 참석해야 할 수업에도 자주 빠졌고, 나쁜 짓만 골라 한다는 소문이 태종에게까지 들어갔습니다. 결국 태종은 양녕을 왕세자의 자리에서 쫓아냈습니다.
신하들은 충녕을 새로운 왕세자로 추천했습니다. 태종도 어진 충녕을 마음에 두고 있었던 터라 그들의 뜻에 따르기로 했습니다. 1418년 6월, 충녕은 왕세자가 되었습니다. 그러나 태종은 마음이 편하지 않았습니다. 오로지 공부만 좋아하고 왕이 될 준비가 안 된 충녕이 걱정되었기 때문입니다.

태종은 충녕에게 왕위를 물려주고
자신은 상왕*이 되어 나랏일을
직접 가르치기로 했습니다.
1418년 8월, 충녕은 왕세자가 된 지
두 달 만에 임금이 되었습니다.
조선의 네 번째 왕,
세종이 탄생한 것입니다.

---
*상왕 : 자리를 물려주고 들어앉은 임금.

"백성에게 곡식을 나누어 줘도 늘 굶주리는데, 어찌 세금을 내라고 다그치는가? 세금이라도 덜어 주지 않으면 임금이 무엇을 해 줄 수 있겠는가!"
세종은 가장 먼저 굶주리는 백성의 세금을 덜어 줄 새 법을 만들었습니다.

그리고 나서 각 지방에 사는 백성과 관리들의 생각을
물어보았습니다. 가뭄이 심한 강원도에는 황희 정승을 보내 두루
살피도록 했습니다. 황희 정승은 나라의 곳간을 열고 강원도 백성에게
곡식을 나누어 주었습니다.
세종은 살기 좋은 나라를 만들기 위한 꿈을 하나씩 펼쳐 나갔습니다.

어릴 때부터 공부를 좋아하던 세종은 나라를 다스리는 데에도 학문이 중요하다고 생각했습니다.
그래서 학문을 연구하는 집현전을 새로 고쳤습니다. 또 집현전 학사들이 오로지 연구에만 힘을 쏟을 수 있게 해 주었습니다.
그 결과 많은 학사들이 집현전에 모여 학문과 정치를 토론할 수 있었습니다.

하루는 늦은 밤까지 책을 읽던 세종이 사람을 불렀습니다.
그리고 집현전에 불이 켜져 있는지 알아보라 일렀습니다.
"전하, 여러 번 가 봤지만 학사 신숙주가 계속 글을 읽고 있었습니다.
그러다가 닭이 울 때쯤 책상에 엎드려 잠이 들었습니다."
"그래? 내 털옷을 가져다가 신숙주가 깊이 잠들면 덮어 주고 오너라."
아침에 눈을 뜬 신숙주는 임금의 털옷을 보고 깜짝 놀랐습니다. 그리고
곧 이것이 임금의 배려임을 알게 되었습니다. 집현전 학사들은 이 이야기를
듣고 더 열심히 연구에 힘썼습니다.

또한 세종은 다양한 분야에서 인재를 뽑았습니다. 솜씨가 뛰어난 장영실에게는 천민의 신분을 벗어나게 해 주고, 벼슬도 주었습니다. 그의 재주를 높이 평가했기 때문입니다.

세종은 측우기도 만들게 했습니다. 측우기 덕분에 빗물의 양을 알 수 있게 되었고, 홍수나 가뭄과 같은 자연재해를 미리 막을 수 있었습니다.
이 밖에도 해시계와 물시계 등 날씨와 계절, 우주를 알 수 있는 다양한 과학 기기가 만들어졌습니다.

세종은 백성이 고르게 입고 먹을 수 있도록 농사 발전에도 힘썼습니다. 그동안 중국의 농사법으로 농사짓던 백성들이 우리나라의 날씨와 토양에 맞는 농사법을 배울 수 있도록 책을 만들게 했습니다. 그래서 집현전 학사들은 직접 농부의 이야기를 듣고 공부해 책을 완성했습니다. 이것이 바로 조선 최초의 농사 책 『농사직설』입니다.
그런데 한 가지 문제가 있었습니다. 글을 모르는 백성은 한자로 쓴 『농사직설』을 읽을 수가 없었습니다. 세종은 그런 백성들이 안타까웠습니다.

글자를 모르는 백성들은 억울한 일이 많았습니다.
"백성들이 나라에서 알리는 글을 읽지 못해 큰일이구나.
한자를 이두로 써서 책으로 펴내는 것이 어떻겠는가?"
이두는 한자의 음과 뜻으로 우리말을 옮겨 적는 신라 시대의 글쓰기
방법입니다. 하지만 이 책은 세상에 나오지 못했습니다. 이두는 한자보다
쓰기 쉽지만 기본적인 한자를 알아야 했기 때문입니다.

그래서 세종은 어려운 한자가 아닌 쉬운 우리 글자를 만들고 싶었습니다.
오랫동안 글자가 어떻게 만들어지고 소리 나는지를 연구했습니다.
"내가 몸이 여기저기 아프구나. 중요한 일이 아니면 모두 세자에게
맡기도록 하라."
세종은 왕세자에게 나랏일을 맡기고 글자 연구에만 집중했습니다.
신하들과 중국이 반대할 것을 걱정해, 왕세자와 왕자들 그리고 믿을 만한
신하들과 비밀리에 연구를 계속했습니다.

1443년 12월의 마지막 날, 세종은 신하들에게 새 글자를 만들었다고 발표했습니다. 우리 글자가 탄생한 것입니다.

"글자를 만드는 것은 중국을 버리고 오랑캐가 되는 일입니다. 이미 이두가 있어 또 다른 글자가 필요하지 않습니다!"
신하들의 반대는 거셌습니다. 중국의 비난이 두렵고, 어리석은 백성들에게는 글이 필요하지 않다는 이유였습니다.
"이두가 백성을 편리하게 해 주었다면, 새 글자 또한 백성을 편리하게 만드는 일이다!"
세종은 반대를 무릅쓰고 백성에게 새 글자를 알릴 준비를 시작했습니다.

"나랏말이 중국과 달라 한자와는 뜻이 서로 통하지 않으니,
백성이 말하고 싶어도 제 뜻을 잘 나타내지 못하는 사람이 많다.
내가 이를 불쌍히 여겨 새로 스물여덟 자를 만들었으니,
사람들로 하여금 쉽게 배워 날마다 편하게 쓰도록 하라."

1446년, 세종은 집현전 학사들과 새 글자를 풀이한 책인 『훈민정음』을 펴냈습니다. '백성을 가르치는 바른 소리'라는 뜻의 훈민정음이 첫걸음을 내딛은 것입니다.

훈민정음 창제는 세종이 이루어 낸 우리나라 최고의 발명입니다. 한글은 어떤 소리라도 글자로 쓸 수 있고, 누구라도 반나절이면 배울 수 있을 정도로 쉬운 글자입니다. 여기에는 백성을 생각하는 세종의 마음이 고스란히 담겨 있습니다.

훈민정음은 닿소리 열일곱 자와 홀소리 열한 자, 모두 스물여덟 자로 이루어져 있습니다. 닿소리는 사람의 입 모양과 혀, 목청 등 발음 기관을 본떠 만든 글자입니다. 홀소리는 우주를 이루는 세 가지인 하늘, 땅, 사람을 의미하는 글자입니다. 닿소리와 홀소리가 첫소리, 가운뎃소리, 끝소리로 각각 쓰여 하나의 글자를 이룹니다. 한글은 세계에서 유일하게 사람이 말하는 모습과 글자의 모양이 같은 언어입니다.

세종은 고된 연구로 훈민정음을 세상에 내놓을 즈음부터 몸이 약해졌습니다. 신하들은 그에게 약수가 흐르는 곳을 찾아가 쉬기를 권했습니다.
"나을 기미가 보이지 않는데 약수가 무슨 소용이냐! 백성을 힘들게 하지 마라."
세종은 마지막 순간까지 백성만을 생각했습니다. 결국 1450년 음력 2월 17일 세종은 세상을 떠났습니다. 그때 나이가 54세였습니다.

"임금의 덕이 높고 높아, 사람들이 이름을 짓지 못하고 해동*의 요순**이라고 불렀다."
세종은 '대왕'이라는 이름이 어울리는 조선 역사상 가장 위대한 임금이었습니다.
세종은 조선을 다스린 32년 동안 오로지 백성을 위해 공부하고,
또 공부했습니다. 그중 가장 빛나는 결과는 바로 훈민정음, 한글입니다.

*해동 : 예전에 우리나라를 이르던 말.
**요순 : 중국에서 가장 칭송받는 고대의 요 임금과 순 임금.

생전에 세종은 한글이 모든 백성에게 널리 쓰이는 글자가 되기를 바랐습니다. 그래서 집현전 학사들에게 한자 읽는 법을 한글로 풀이한 책 『동국정운』을 만들도록 했습니다. 과거 시험을 보기 위해서는 양반들도 이 책을 꼭 배워야만 했습니다. 세종 대왕은 직접 한글로 노래를 지었습니다. 왕자와 학사들에게도 한글로 재미있는 이야기와 노래를 만들도록 했습니다. 세종의 바람대로 한글은 여성과 백성들 사이에서 점점 퍼져 나갔습니다.

오늘날에는 누구나 쉽게 한글을 읽고 쓸 수 있습니다.
'세종 대왕의 꿈'은 역사에 길이 남을 자랑스러운 우리 글자가 되었습니다.
한글은 우리 겨레를 사랑한 세종 대왕의 아름다운 선물입니다.

세종 대왕의 생애

- **1392년** 할아버지 태조 이성계가 조선을 세우다.
- **1397년** 한양 준수방에서 왕자 이방원의 셋째 아들로 태어나다.
- **1400년** 아버지 태종 이방원이 왕위에 오르다.
- **1408년** 충녕군이 되다. 심온의 딸과 혼인하다.
- **1412년** 충녕 대군이 되다.
- **1418년** 6월, 왕세자가 되다. 8월, 왕위에 오르다.
- **1420년** 집현전을 확장하다. 주자소에서 새 금속 활자를 만들어 내다.
- **1425년** 박연에게 궁중 음악 책을 짓게 하다.
- **1429년** 정초에게 명하여 『농사직설』을 펴내다.

1390 1400 1410 1420

1433년 정초, 박연, 김진, 장영실 등이
혼천의를 만들다.
장영실이 물시계 자격루를 만들다.
1434년 장영실이 만든 자격루를 사용하다.

1450년 여덟째 아들인 영응 대군의 집에서
54세의 나이로 세상을 뜨다.

1430　　　　**1440**　　　　**1450**

1441년 장영실에게 측우기를 만들게 하다.
1443년 훈민정음을 만들다.
1445년 권제, 정인지, 안지 등이 『용비어천가』를 지어
올리다.
1446년 훈민정음 해례본을 완성하다.
훈민정음을 담당하는 언문청을 설치하다.
관리 시험에 훈민정음을 시험 과목으로 정하다.
1447년 신숙주, 최항 등이 『동국정운』을 펴내다.
1449년 직접 훈민정음으로 쓴 『월인천강지곡』과
수양 대군이 지은 『석보상절』을 펴내다.

소리를 쉽게 적을 수 있는 똑똑한 글자, 한글

한글은 닿소리(자음)와 홀소리(모음)로 이루어져 있습니다. 닿소리는 홀소리에 닿아야만 나는 소리이고, 홀소리는 다른 소리의 힘을 빌지 않고 홀로 나는 소리입니다. 예를 들어 '가'는 닿소리 'ㄱ'과 홀소리 'ㅏ'가 모여 만들어진 글자입니다.

세종은 처음에 훈민정음을 스물여덟 자로 만들었습니다. 그중 닿소리 ㆁ, ㆆ, ㅿ와 홀소리 · 는 시간이 흐르면서 쓰지 않아 사라졌습니다. 오늘날 우리는 닿소리 열네 자와 홀소리 열 자, 스물네 자를 쓰고 있습니다.

```
닿소리 : ㄱ ㄴ ㄷ ㄹ ㅁ ㅂ ㅅ ㅇ ㅈ ㅊ ㅋ ㅌ ㅍ ㅎ (ㆁ, ㆆ, ㅿ)
홀소리 : ㅏ ㅑ ㅓ ㅕ ㅗ ㅛ ㅜ ㅠ ㅡ ㅣ (·)
```

세종은 입에서 소리가 나올 때 혀와 입술, 이, 목구멍이 움직이는 모양을 본떠 닿소리를 만들었습니다. 그리고 기본 닿소리 다섯 자에 획을 더해 새로운 닿소리(거센소리)를 만들었습니다. 또한 강한 소리를 나타내기 위해 기본 닿소리를 나란히 써서 또 다른 닿소리(된소리)를 만들었습니다.

	만든 원리	획 더하기	나란히 쓰기
ㄱ	혀뿌리가 목구멍을 막는 모양을 본뜬 어금닛소리.	ㅋ, (ㆁ)	ㄲ
ㄴ	혀끝이 윗잇몸에 닿는 모양을 본뜬 혓소리.	ㄷ, ㅌ, ㄹ	ㄸ
ㅁ	입의 모양을 본뜬 입술소리.	ㅂ, ㅍ	ㅃ
ㅅ	이의 모양을 본뜬 잇소리.	ㅈ, ㅊ, (ㅿ)	ㅆ, ㅉ
ㅇ	목구멍의 모양을 본뜬 목구멍소리.	(ㆆ), ㅎ	(ㆅ)

홀소리를 만든 방법은 더 재미있습니다. 세종이 글자를 만들 때 이루고자 한 꿈을 담은 글자이기 때문입니다. 세종은 우주의 모든 소리를 한글에 담고자 했습니다. 그래서 우주를 이루는 하늘과 땅 그리고 사람을 홀소리로 그려 냈습니다. 둥근 하늘을 뜻하는 ·, 서 있는 사람을 뜻하는 ㅣ, 평평한 땅

을 뜻하는 ㅡ. 이렇게 세 글자가 모여 홀소리가 만들어졌습니다.

```
ㅣ + · = ㅏ          ㅡ + · = ㅜ
· + ㅣ = ㅓ          ㅡ + ㅣ = ㅢ
· + ㅡ = ㅗ          ㅣ + : = ㅑ
```

이 글자들은 첫소리(닿소리)와 가운뎃소리(홀소리), 끝소리(닿소리)가 합쳐져 하나의 글자가 됩니다.

```
김 : 첫소리 ㄱ + 가운뎃소리 ㅣ + 끝소리 ㅁ
```

이렇게 만들 수 있는 글자가 무려 11,172자나 된다고 합니다. 세상의 모든 소리를 쓸 수 있는 한글은 정말 똑똑한 글자랍니다.

훈민정음 언해본

훈민정음을 널리 알리기 위해 훈민정음의 머리말과 예의편을 우리말로 옮긴 책이다. 한문을 짧은 구절로 나누어 덧붙이는 말을 달았고, 한자마다 『동국정운』의 방법으로 한자음을 적어 놓았다. 그 아래에 한문 뜻풀이를 한 다음, 전체를 읽기 편하게 우리말로 옮겼다. (서강대학교 로욜라도서관 소장)

위대한 세종 대왕의 업적

세종은 뛰어난 학자이자 예술가였습니다. 예술적인 재능이 뛰어나 악기를 만들 때 틀린 음을 바로잡았다는 이야기가 유명합니다. 또한 세종은 인재를 가리지 않고 뽑아서 재주에 알맞은 곳에 썼습니다. 덕분에 세종은 많은 업적을 이룰 수 있었습니다.

용비어천가

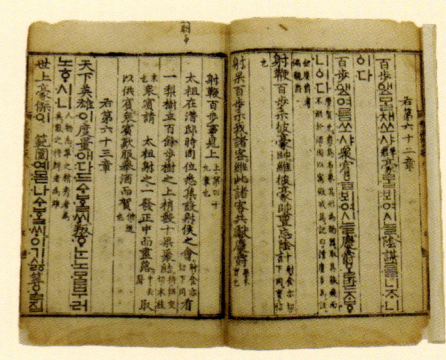

훈민정음으로 창작한 최초의 문학 작품입니다. 1445년 권제, 정인지, 안지는 125장의 시를 지었습니다. 세종이 직접 지은 이름인 '용비어천가'는 하늘에서 나는 용을 노래한다는 뜻으로, 용은 임금을 말합니다. 세종은 조선을 세운 조상의 위대함을 훈민정음으로 써서 남기는 것에 큰 의미를 두었습니다. 양반들에게 훈민정음이 왕조의 업적을 기록할 만큼 위대한 글자라는 것을 보여준 것입니다. 박연은 용비어천가에 곡을 붙여 '여민락'이라는 음악을 만들었고, 백성들이 이 노래를 따라 부르며 널리 퍼지게 되었습니다. (계명대학교 동산도서관 소장)

월인천강지곡

1446년 세종의 왕비인 소헌 왕후가 세상을 떠났습니다. 『월인천강지곡』은 세종이 사랑하는 왕후의 명복을 빌기 위해 1447년 훈민정음으로 직접 지은 것입니다. 세종은 『석보상절』(*둘째 아들 수양 대군이 어머니인 소헌 왕후를 위해 석가모니의 일대기를 훈민정음으로 쓴 책.)을 읽고, 그 답으로 이 책을 지었습니다. 『월인천강지곡』은 노랫말로 석가모니의 삶과 가르침을 전하는 작품입니다. 조선 초기에는 고려 때처럼 여전히 불교가 널리 퍼져 있었기 때문에, 세종은 불교를 믿는 백성들이 이 책을 읽고 훈민정음을 배우기를 바랐던 것입니다. (미래엔 교과서박물관 소장)

자격루

1433년에 발명한 물시계입니다. 밤낮 상관없이 시간을 알 수 있는 물시계는 중국 명나라의 최신 기술이었습니다. 세종은 1424년부터 장영실에게 물시계를 만들도록 했고, 약 10년이라는 긴 기간 동안 애타게 기다렸습니다. 장영실은 수많은 실패 끝에 이천, 김조 등과 함께 자격루를 만들어 냈습니다. 자격루는 시간에 따라 저절로 물이 흘러 내려 종, 북, 징을 쳐서 시간을 알리는 자명종이었습니다. 세종은 자격루가 완성되자 장영실에게 벼슬을 주고 크게 기뻐했습니다. 이듬해 이 시계는 조선의 표준 시계가 되었습니다. 그리고 1437년 장영실은 더 발전된 물시계 옥루를 만들었습니다. (ⓒⓕⓞ Gapo, 위키미디어)

측우기

1441년 세계 최초로 만들어졌습니다. 빗물의 양을 재는 기구로, 세종의 맏아들인 세자가 생각해 냈습니다. 세자는 가뭄을 걱정해 비가 올 때마다 움푹 팬 땅에 물이 고인 양을 유심히 살폈습니다. 그리고 빗물의 양을 정확히 알기 위해 측량 기구를 만들 것을 제안했습니다. 이에 장영실은 빗물을 받는 그릇과 빗물의 양을 재는 자, 받침대로 이루어진 측우기를 만들어 냈습니다. 측우기는 조선의 농사에 새로운 변화를 가져다주었습니다. 비가 언제, 얼마만큼 오는지 미리 알 수 있었기 때문입니다. 이는 1600년대에 만들어진 서양의 측우기보다 약 200년 앞선 놀라운 발명입니다. (국립고궁박물관 소장)

따뜻한 마음이 세상을 바꾸다

　한글날과 스승의 날의 공통점은 무엇일까요? 모두 조선의 임금, 세종 대왕과 관련이 있다는 점입니다. 한글날은 세종 대왕이 한글을 세상에 널리 알린 날이고, 스승의 날은 세종 대왕이 태어난 날입니다. 원래 5월 26일이었던 스승의 날을 1965년부터 세종 대왕이 태어난 날인 5월 15일(음력 4월 10일)로 정했다고 합니다. 사랑으로 학생을 가르치는 선생님의 마음과 어리석은 백성을 깨우치고자 했던 세종 대왕의 꿈이 닮았다고 본 것이지요.

　『세종 대왕, 한글로 겨레의 눈을 밝히다』는 사람을 사랑한 세종 대왕의 일대기를 담고 있습니다. 세종 대왕은 평생 손에서 책을 놓지 않았던 독서광으로 유명합니다. 어떤 책이든 백 번 읽고 백 번 베껴 썼습니다. 세종 대왕은 배움에 대한 자신의 열정이 사람들의 삶을 편안하게 해 줄 것이라고 믿었습니다. 그래서 더 열심히 공부했고, 능력 있는 신하들이 재능을 펼칠 수 있도록 도왔습니다. 덕분에 조선은 측우기, 해시계, 물시계와 같은 눈부신 과학 기술을 꽃피울 수 있었습니다. 또 우리 조상들은 뛰어난 농사법과 의술, 문화와 예술 등을 누릴 수 있었습니다. 그중에서도 한글은 세종 대왕이 평생의 노력으로 이루어 낸 가장 놀라운 선물입니다. 이렇듯 쉽고 아름다운 한글은 우리의 자랑스러운 보물입니다.

　우리는 누구나 쉽게 정보를 얻고 과학의 혜택을 받을 수 있는 나라에서 살고 있습니다. 한글이 없었다면 우리 겨레는 다양한 정보를 지금처럼 쉽고 빠르게 공유할 수 없었을 것입니다. 또 오늘날 전 세계 많은 사람들이 한글로 된 노래를 부르고, 한글을 배우고 있습니다.

국가 연합 기구인 유네스코에서는 해마다 문맹률(*배우지 못해 글을 읽거나 쓸 줄 모르는 사람의 비율.)을 낮추기 위해 노력한 단체나 사람에게 '세종 대왕 상'을 줍니다. 글자를 몰라 어려움을 겪는 사람들을 위한 세종 대왕의 노력이 전 세계에서 인정받은 것입니다.

어린이들이 『세종 대왕, 한글로 겨레의 눈을 밝히다』를 읽고 세종 대왕을 자랑스럽게 여기며 한글을 열심히 읽고 쓰길 바랍니다. 그리고 세종 대왕과 신하들처럼 자신의 재능을 다른 이를 위해 가꾸고 베푸는 사람이 되기를 바랍니다.

2013년 한글날을 앞두고

마술연필